Christoph von Hedemann

Empfindsame Reise von Oldenburg nach Bremen

(1796)

weitsuechtig

Christoph von Hedemann

Empfindsame Reise von Oldenburg nach Bremen

(1796)

ISBN/EAN: 9783943850604

Auflage: 1

Erscheinungsjahr: 2013

Erscheinungsort: Bremen, Deutschland

@ weitsuechtig in Access Verlag GmbH, Fahrenheitstr. 1, 28359 Bremen. Alle Rechte beim Verlag und bei den jeweiligen Lizenzgebern.

weitsuechtig

Empfindsame Reise

von

Oldenburg nach Bremen.

———

Falkenburg, 1796.

Einleitung.

Der Titel wäre fertig, nun kommt das Werk. Mich dünkt, so ist es in der Ordnung, und recht wie es seyn soll. Wenigstens hat man gleich beim Anfang, vor manchem Schriftsteller den Vortheil voraus, daß man so eigentlich weiß, worüber und was man schreiben will. — Aber, sollte denn das wirklich wol mein Fall seyn? Aufrichtig gesagt, lieber Leser, nein. — So viel besagt der Titel, daß mein Genie, oder besser, meine Feder, eine neue Reisebeschreibung fabriziren soll, und da müßte ich freilich das Handwerk schlecht verstehen, wenn ich nicht einige Bogen füllen könnte, ohne eigentlich etwas gesagt zu haben. Die ganze Kunst besteht allein darin, keine Gelegenheit vorbei zu lassen, da ich irgend einen Gedanken auffassen oder nur ausdehnen kann. So z. B. würde es ein unverzeihlicher Fehler seyn, wenn ich hier nicht etwas über den Unterschied, der wahrscheinlich zwischen Geniearbeiten und eigentlichen Federarbeiten statt findet, sagen wollte.

Qui bene distinguit, bene docet! — Ich mögte wetten, ein großer Theil meiner geehrten Leser hat bei dem Vielen, was man izt so täglich liest und lesen muß, um mitsprechen zu können, noch nicht recht auf den Unterschied zwischen beiden Arten von Arbeiten merken können; freilich ist es auch ein eigenes Ding, hierüber eine Definition zu machen, und gereuet mir fast, daß ich die Sache unternommen habe. Nach löblichem Gebrauche glaubte ich mir mit einem bon mot durchzuhelfen, als ich davon anfieng, wenn ich des Antheils erwähnte, den Gänsekiele an Federarbeiten erlangen, und dabei die witzige Frage aufwürfe, ob so die ehemaligen Besitzer dieser Kiele Einflus auf ihre gegenwärtigen Arbeiten haben würden? Aber das ist, unter uns gesagt, ein wenig lahm. Und wenn nun, denn ein Genie muß doch nun einmal fliegen, dies Genie sich hiezu Gänseflügel bediente? Wie ungeheuer würde dadurch der Gänseeinfluß auf das Geniewesen vermehrt? Auf diese Art glückt die Distinction nicht, wir übergehen daher die ganze Sache mit Stillschweigen, und das aus der sehr gegründeten Ursache, weil wir nichts Gescheutes oder Witziges darüber zu sagen wissen. — Auf diesem Wege hoffe ich das Zutrauen des geneigten Lesers zu gewinnen, denn er wird von nun an hoffentlich, wenigstens so lange er keine dissentirende Recension gelesen hat, voraussetzen, daß ich, der Verfasser, da wo ich wirklich über einen Gegenstand räsonnire, sicher etwas Gescheutes oder Witziges zu Markte trage. —

Nachdem ich nun den Punkt in Richtigkeit gebracht habe, will ich noch einige Dinge vorausschicken, über welche ich nichts zu sagen weiß. Zum Beyspiel erwähne ich nur über Trennung, daß sie allemal der Fortbewegung von einem Orte zum andern vorhergeht, und daß darüber schon viel Schönes und Empfindsames gesagt ist, das ich nicht nachsagen mag. Hergegen verstehe ich eine ökonomisch-politische Abhandlung über Urbarmachen der Haiden gar nicht zu machen, muß also diesen reichhaltigen Stof ganz fahren lassen, wenn sich gleich unterwegens die Betrachtungen darüber a figura abstrahiren ließen. Versprochener maaßen halte ich mich also bei allem diesen nicht auf, sondern zeige nur nachrichtlich an, daß ich sehr schnell reisete, daß ich, obgleich es

7

einen Reisenden um manche gefühlvolle Bemerkung bringt; ein großer Liebhaber von schnellen Reisen bin, und daß ich es endlich immer für ungemein zweckmäßig halte, seine irrdischen Knochen daran zu wagen, auch des tödtlichen Hintritts einiger Pferde nicht zu achten, wenn man dadurch den wesentlichen Vortheil erlangen kann, die Langeweile, die uns unterwegens foltert, mit einer andern an Ort und Stelle auf uns wartenden Langeweile, so schnell als möglich auszutauschen. —

Erstes Kapitel.

Von den Ursachen und dem Zwecke dieser Reisebeschreibung.

Nun sage mir doch keiner, daß irgend was existire, das nicht wozu zu gebrauchen wäre! Wer hätte das gedacht, daß das einzige Wort: Langeweile, von vielen auf die schrecklichste Art empfunden, mir nützlich werden, mir die Ueberschrift, ein Kapitel, ja ein ganzes Buch eingeben könnte, das vielleicht, wir wollen das Beste hoffen, meine Unsterblichkeit bewirkt? — Allein ausser diesen Vortheil kann ich noch mehrere aufrechnen; denn, einmal zeige ich gelegentlich an, daß ich wirklich einen Zweck habe; zweitens glaube ich immer höher in der Gunst des Lesers zu steigen, wenn er mich abermals ganz aufrichtig findet, da es ihm ja einerlei seyn kann, ob ich aus Langerweile oder ums Geld schrieb, und endlich drittens hat jede Materie, die ein paar Seiten füllt, einen gesegneten Einfluß auf die Verscheuchung jenes Dämons, dem ich eins anhaben mögte. Könnte ich denselben bösen Geist auch bei meinen Lesern todräuchern! Aber das ist mit alle dem ziemlich ungewiß, weil ich wahrlich doch noch nicht recht weiß, ob ich unterhaltende Materie finden werde, oder nicht. — Wenn es klar am Tage liegt, daß die liebe Langeweile mich zum Schreiben brachte, so muß ich gleich zum voraus hier feierlich und in bester Form protestiren, daß Niemand weder meinen Herren Reisegefährten, noch der guten freien Reichsstadt Bremen deswegen einige Schuld beimißt. Gegen beide Beschuldigungen will ich mich hiemittelst bestens verwahrt haben, hingegen declariren, daß die Schuld an mir selbst und in den Umständen liegt. — Wenn sich eine

Gesellschaft vereinigt, um Schlitschuh zu laufen, und es schlentert ein dritter mit, der nicht Schlitschuh laufen kann, ist es die Schuld der Uebrigen, wenn ihn bei ihrer Uebung am Ende friert? Wenn man Häuser, Mauern und Dächer sieht, weder Freude an bunten Farben und großen Fenstern, noch weniger die Dachziegel zu zählen Lust hat, ist es die Schuld der Bewohner dieser Häuser, wenn ich mich unbehaglich durch Langeweile fühle? Ist es darum ihre Schuldigkeit, zu mir heraus zu kommen, um mich zu unterhalten? Sie, die sich nicht unbehaglich fühlen, nichts von meiner Unbehaglichkeit wissen können, sind doch wohl auf keine Art verbunden, sich mir zu Gefallen durch die Präliminarien eines Gesprächs, durch die angenehmen und unterhaltenden Gegenstände über Wetter, Zeitungen und dergleichen hindurchzuarbeiten? —

Zweites Kapitel.
Ueber die gewöhnliche Art, wie man Wohl-
thaten spendet.

Es müste doch ein großes Unglück und ein höchstärgerlicher Fall seyn, wenn einem empfindsamen Reisenden gar keine empfindsame Scenen aufstießen. Allein das ist auch sicher nicht der Fall; nur muß man die Gegenstände, welche sich darbieten, mit strenger Oeconomie behandeln. Wenn man aber die interessantesten Begebenheiten ganz überhüpft, nun, da läuft man freilich Gefahr alles zu verlieren, wenigstens — nicht viele Bogen zu füllen. Zum Glück läßt sich diesmal der Schaden ausbessern. — Wir mogten wol eine Meile gefahren seyn, als wir Kinder von verschiedenem Alter und Geschlecht aus dem Felde gegen unsern Weg zulaufen sahen. Nun ist es zwar an sich nichts Neues, daß sich da die liebe Jugend versammlet und hintennach läuft, wo etwas Hohes und Vornehmes, oder etwa ein Kameel und sonst dergleichen ausländische Seltenheit paſſirt, allein dasmal konnte eine solche lobenswerthe Neugier der Fall nicht seyn, denn unsere Reiseequipage zeichnete sich auf keine Art von denjenigen aus, die täglich des Weges fürbas ziehen. Ich schloß also, und o! es ist eine herrliche Sache ums Schlieſſen. Man erfährt wenigstens zuweilen die Begebenheiten mit etwas mehr Gewißheit vorher, als wenn man sie sich aus einigen vermeintlichen Constellationen am politischen Horizont, wie von Zigeunern aus der Hand, prophezeihen läßt. Ich schloß also, wie gesagt, daß des Weges ein Schlagbaum oder sonst dergleichen Wehre seyn müsse, den diese guten Kinder uns öfnen wollten. Es ist freilich in allen Fällen nicht immer angebracht, wenn man von den Bewegungen Andrer auf ihr Ziel und ihren Zweck schließt, denn es paßirt mitunter, daß beide fehlen, doch betrog ich mich diesmal nicht. Der erwartete Schlagbaum war richtig da, die Kinder öfneten ihn und liefen alle mit offnen Mäulern und Händen neben dem Wagen her. Halt, dachte ich, hier sollst du nicht voreilig zuplatzen, sondern vielmehr das Verdienst belohnen. Bei diesem Gedanken lief mir ein kalter Stolz über den Leib, und meine Figur verlängerte sich wenigstens um zwei Zoll. Sicher, dachte ich weiter, hat die gute Mutter Natur in den Gesichtern, diesen Spiegeln der Seelen, den Werth eines jeden mit so unverkennbaren Zügen eingedrückt, daß du den Würdigsten ohnfehlbar ersten Blicks findest! — Sobald man aber in der Schlußfolge gar zu hoch hinaufklettert, in das Reich der Abgezogenheit, oder gar in das der Fantasie, geräth, wie es bei dem Spähen nach phyſionomiſcher Beſtimmtheit der Fall ſeyn mag, ſo iſt es lange ſo ſicher und richtig nicht damit, als wenn man die fünf Sinne mit anwenden kann. So gings auch hier: ich, der ich vorher ſo richtig auf das Daſeyn eines Schlagbaums geſchloſſen hatte, ſchoß hier gänzlich fehl, wenigſtens ſchien es mir ohnmöglich, irgend etwas aus den Geſichtern der Kinder, als das Verlangen nach meiner kleinen Münze zu entziffern. Alle ſchienen gleichſam auf dieſen einen Punkt gerichtet; jedes Auge, jeder Fuß, jede Hand bewegte ſich nur zu dieſem Zweck. Hätte ich die gewöhnliche Fertigkeit unſrer Reiſenden beſeſſen, den Gemeingeiſt einer Nation in aller Geſchwindigkeit herauszubringen, ſo hätten mich dieſe kleinen Haidmenſchen richtig verführen können, die Oldenburger, Weſtphälinger oder gar alle Deutſchen für das intereſſirteſte Volk unter dem Monde zu declariren. Bei einer gewissenhaften Austheilung meiner Gabe wäre es freilich meine Schuldigkeit gewesen, darauf zu achten, wer eigentlich die meiste Mühe bei Eröffnung des Schlagbaums hatte, das that ich aber, wie gesagt, nicht. Wie es denn so zu gehen pflegt, wenn man als Spender einer Belohnnng seine ganze Freiheit behalten will, wird man gemeiniglich durch Nebendinge bestimmt. Mein erster phisionomischer Versuch war gescheitert. Ich begann daher einen zweiten, bestimmte mich als ein ächter sentimentalischer Reisender für das andre Geschlecht, und wollte izt der Schönheit den Preis geben. Aber auch hier gelang es mir nicht. Die unschuldigen Blike der kleinen Mädchen machten einmal keine andere Erörterung an mich, als um das zu erlangen, was in meiner Hand verschlossen lag, und es war übrigens ganz unmöglich, die artigsten Züge in ihren Gesichtern zu unterscheiden, weil alle einen nicht unbeträchtlichen Zusatz von Schmutz und Staub hatten. Mir blieb also am Ende nichts anders übrig, als mich dem Zufalle oder dem Instinkte zu überlassen. Der letztere trug es über mich davon, und ich drückte mein Geld dem grösten Mädchen, die etwa zwölf Jahr alt seyn mogte, in die Hand. — Kaum war es geschehen, so verfiel ich in ein tiefes Nachdenken über die möglichen und unmöglichen Ursachen meiner vom blossen Instinkt geleiteten Handlung, doch verschone ich meine Leser billig damit, weil mir meine Ideen wirklich zu wenig geordnet vorkamen. So viel ist indessen gewiß, und eine Bemerkung, die ich längst an mir gemacht habe, ich habe kleine Mädchen überhaupt schon lieber, als Knaben. — Homo sum, nihil humanum a me alienum puto. Zwar bin ich nicht Klopstock,

allein

allein. das kann eben so gut von mir gesagt werden, als von ihm, und indem ich es selbst von mir sage, überhebe ich meinem künftigen Biographen der Mühe. Noch muß ich zu meiner Ehre gestehn, daß ich, als es vollenkommen bei mir ausgemacht war, nur der leidige Instinkt habe meine Handlung geleitet, ein wenig unzufrieden mit mir selbst war. — Ich wäre also der stolze Belohner des Verdienstes, sagte ich zu mir selbst, der sich vorhin so mächtig bei diesem Gedanken erhob! Schade, daß ich nicht Ordensbänder, Stellen und Reichthümer zu vergeben habe! "Es geschieht nichts Neues unter dem Monde, flüsterte mir meine Eigenliebe zu, du würdest, so wie du da bist, mit manchem Großen, manchem Minister Hand in Hand einen Weg gehen!" — Es regnete, und wir fuhren vor einem verfallenen Hochgerichte vorbei; da ich aber einen Ueberrock anhatte, und gerade bei dem Anblicke der Trümmer eines Rades nicht betete, so läßt sich nicht viel darüber sagen, wenn man etwa den wohlgemeinten Wunsch ausnimmt: mögten doch aller Orten die Galgen und Räder so verfallen wie hier im Lande! —

Drittes Kapitel.
Der Bleikeller und das Muſäum.

„Das iſt denn der ſogenannte Bleikeller, welcher aller Verweſung widerſtehet. Man iſt übrigens ungewiß, ob die Urſache dieſer Seltenheit in dem Blei liegt, welches vor etwa dreihundert Jahren zum Thurmbau allhier verarbeitet wurde, und wovon der Keller annoch den Namen führet. Doch das iſt wohl nicht die Urſache, vielmehr mag ſie in der Natur des Orts ſelbſt liegen. Dem ſey nun wie ihm wolle, ſo iſt dieſe Gans aus Portugall hieher gebracht worden, hier in Bremen verſtorben, und wird nun ſo aufgetrocknet wie ſie da iſt, bereits volle zwei Jahr hier aufbewahrt; dieſe Gräfin hingegen iſt bereits zweihundert Jahr hier und muß ungemein korpulent geweſen ſeyn; die Richtigkeit dieſer

Meinung beweiset noch diese Stunde die ungemeine Breite ihrer Hintertheile, welche noch deutlich zu inspiciren sind. Dieser Student wurde erstochen und hieher gebracht. Jener war ein armer Dachdecker, der vom Dache herunter fiel. Man sieht es seiner Miene noch an, daß er schreiend gestorben ist." *) So sagte der Mann, der uns den Bleikeller, eine von Bremens Merkwürdigkeiten, zeigte. Er sagte zwar noch sehr viel mehr, ich habe es aber leider nicht behalten, wüßte es auch so nicht nachzusagen, denn er sagte alles ohne abzusetzen her, und ich habe denn eben keine starke Lunge. Er klopfte jeder Mumie mit einem

*) Anmerk. des Setzers. Wahrscheinlich muß der arme Mensch das gegen solche Fälle im Kubach verordnete Gebet nicht auswendig gewußt haben, und hat das Buch selbst gerade nicht bei der Hand gehabt.

Schlüssel auf die Brust, um ihre Leere zu documentiren. Welch ein merkwürdiges, brauchbares, aber auch zugleich fürchterliches Instrument könnte dieser Schlüssel abgeben, wenn er allenthalben, wo man mit ihm anklopfte, eben so unwidersprechlich der Anzeiger von Leere würde, dachte ich bei mir selbst. Denn könnten doch noch einfältigere Menschen examiniren als izt. Aber es ist wol ein großes Glück für ihn, daß er diese magische Kraft nicht besizt, wer würde ihn den Verfolgungen der Muse entziehen? Es müßten wahrlich Bündnisse zu diesem Endzwecke geschlossen werden, die alten treuen Allianzen wort- und bundbrüchig würden. Jeder Dummkopf, den er denunzirte, würde ihn dagegen in seiner Wuth einen, ich mag es kaum aussprechen, aufgeklärten Schlüssel schelten, welches hm in unsern philosophischen Tagen nothwendig zum größten Nachtheil gereichen müßte. Mithin ist es besser für ihn, wenn er bleibt was er izt ist, und mein Wunsch für ihn war wohl sehr unüberlegt. Ich drückte seinem dermaligen Besitzer etwas in die Hand und wir gingen. Zwar weiß ich noch ganz genau, wie viel ich gab, verschweige es aber lieber, weil ich nicht gern andere Reisende beschämen mögte, wenn sie nicht so viel gaben, hingegen auch nicht gern von andern beschämt werden mögte, wenn sie mehr gaben. Gleichwohl gestehe ich gern, daß ich ein solches Verzeichniß von Ehrenausgaben auf Reisen ungemein nützlich und artig finde. Manche Menschen werden so einer großen Verlegenheit enthoben, in welcher der Streit zwischen Oeconomie und Ehrgeiz sie stürzte. — Es ist doch ein himmelweiter Unterschied zwischen Gelehrte und Ungelehrte! Um sich von diesem Satze recht zu überführen, darf man nur aus dem Bleikeller ins Musäum gehen. Wie einfältig, ſtach nicht die Rede des ehrlichen Küſters gegen die gelehrte, aus lauter Negativen beſtehende, Rede des Mannes ab, der uns in dem artigen, von Privatperſonen geſtifteten und unterhaltenen Inſtitute, das Muſäum, herumführte. "Dies ſind Embrionen von Menſchen, dies hingegen ſind keine Menſchen, ſondern vielmehr Affen, welches hauptſächlich an den langen Schwänzen bemerklich wird, womit letztere verſehen ſind. Dies iſt ein junges Pferd und kein Eſel, wie dieſer mit dem dicken Kopfe." — Alſo haben dieſe Thiere ſchon im Mutterleibe den ausgezeichneten Vorzug der dicken Köpfe? ſagte ich zu mir ſelbſt. Der Mann fuhr indeſſen immer fort, und ſtörte mich erſt in meiner reichhaltigen Betrachtung, als er mich fragte: "Wofür ſehen Sie ohnmaßgeblich dieſen Embrion an? Nicht wahr, Sie werden meinen, es ſey ein junger Hund? Aber keinesweges! nein!

mehr ist es eine Seekuh, welche, wenn sie ausgewachsen ist, circa 4000 Pfund wieget." Er sah mich dabei an, als wollte er die Stärke meines Glaubens erwägen, und schien gefaßt, sein Vorgeben zu erweisen: Ich schenkte ihm das. Die Bibliothek sah ich nicht. Quid juvat aspectus, si non conceditur usus, sollte als Erinnerung, nur nach letzterem zu trachten, über jede öffentliche Bibliothek stehen; vielleicht würde sich mancher schämen, wenn er, dem Gelehrtengebrauch nach, hindurch galloppiren will. Es hat mit dieser, zum Ton gewordenen Gewohnheit, eben dieselbe Bewandniß, als wenn man, um Menschen kennen zu lernen, nur große Gesellschaften besucht. Mit den meisten Bekanntschaften geht es ohnehin wie mit manchen Büchern; voll Erwartungen nimmt man sie in die Hand, und stellt sie bald wieder hin. Wie nicht leicht ein Buch ganz schlecht ist, also auch

25

die Menschen; nur lohnt es selten der Mühe, das Gute aus einem ungeheuern Wust von Nichtswürdigkeiten hervor zu suchen. Viele Menschen gleichen den Büchern, in welchen einige glänzende Phrasen unterstrichen sind; sie halten einem diese Stellen vor; liest man aber weiter, so muß man oft gähnen, und diese buuten Lappen sind mit schlechtem Zwirn an einander genäht. In jungen Jahren läßt man sich auf diese Art leicht täuschen, eben wie durch Recensionen über Bücher und Menschen. Vom Vorurtheil geleitet, hüpft man über alles hinweg, wenn es gleich unser eigenes Gefühl empörte, und sieht nur mit den Augen des Recensenten. Viele bleiben auf diese Art immer jung. Die meisten jungen Leute gleichen Romanen und Gedichten; Geschäftsmänner von mittlern Jahren, trocknen Handwerksbüchern; die Alten, Gesang- und Gebetbüchern. Einzeln trift man, einen

Musenalmanach, ein Vademecum für lusti=
ge Leute, eine philosophische Abhandlung,
eine alte Hauspostille, verschiedene Ausga=
ben vom Eulenspiegel, der oft nicht übel
räsonnirt, aber gemeiniglich verkehrt han=
delt. Eben so selten wie in der Litteratur,
findet man ein Originalwerk; das Mehrste
ist Compilation! —

Viertes Kapitel.
Der Rathsweinkeller.

Im Vergleich mit dem Bleikeller glaubt man hier aus der materiellen in die Geisterwelt versezt zu seyn. Dort wandelt man zwischen aufgetrockneten Katzen, Gräfinnen, Studenten, Gänsen, Schwedischen Obersten und deutschen Dachdeckern umher, hier zwischen in großen Fässern eingeschlossenen starken Geistern. Ehrwürdig, in allem Betrachte, waren mir diese großen Formen, die so ernst, so ruhig da liegen, und gleichwohl so manchen Zünder der Begeisterung und Liebe enthalten. Wie manche Dithyrambe, wie manches Heldengedicht, ja wie mancher geistreiche Roman würde aus diesen ehrwürdigen Fässern quillen, wenn man sie mit gewissen Männern in Rapport sezte, welche sich auf solche Inspirationen verstehen. Die Geister, welche unsere Gesellschaft in Freiheit sezte, waren das possierlichste Schlag, das man sich denken kann. Kaum waren sie in uns gefahren, so hallten die Wände auch schon von den sonderbarsten Gesprächen und Liedern wieder, die je gesprochen oder gesungen seyn mögen. Eins von denen, welches mir, seiner edlen Simplicität wegen, am besten gefiel, war das Lied: Mein lieber Herr Vetter Pralle, Pralle, Pralle, ist ihre Metwurst noch nicht alle, alle, alle? Zwölf Fässer, welche man die zwölf Apostel nennt, sind von so starken feinen Geistern beseelt, wie die bei lebendigem Leibe wohl schwerlich gehabt haben mögen, sie, die den Fässern ihre Namen leihen. Man pflegt bei dem Judas zu sagen: Si Judas avoit reçu un tel vin de son maître il ne l'auroit pas trahi! Ich glaube, dies ist eine Sitte, welcher man sich nicht entziehen darf, weil sich alle unsere Führer bestrebten, einander dies Bon mot gleichsam aus dem Munde zu stehlen. In der Rose ist der beste und theuerste Wein. Er schien mir die Eigenschaft zu haben, den Gesichtern derer, die davon genießen, die Farbe der Tuberosen aufzudrücken. Eine Sonderbarkeit, die, wenn sie richtig ist, einer genauen Untersuchung werth wäre, allein zum Unglück wird sie nicht leicht anzustellen seyn, weil man, wenn man diesen Ort verläßt, zu keinen andern Nachforschungen, als etwa nach den im Wege liegenden Steinen, aufgelegt ist. Je weiter es gegen Mitternacht kam, je unruhiger wurden die uns beseelenden Geister; vielleicht mogten die apostolischen Geister mit den Profanen vermischt, diese Gährung veranlassen, und jene die Teufel austreiben, denn es schien mir wirklich, daß ein großer Theil während des donnernden Gesanges, der wieder anhob, ängstlich und in demsel ben Coſtüm entflohen, wie wenn in der Bilderbibel den Beſeſſenen Molche, Salamander, Nachteulen und Fledermäuſe, wie aus der ſonderbarſten Menagerie entfahren. Indeſſen blieben doch noch immer ſo viele in uns zurück, daß ſie, weil einmal Schweben ein Geiſtergebrauch iſt, uns ſchwebend zu Haus brachten und in Morpheus Armen ablieferten.

Fünftes Kapitel.
Der Ball.

Der Zweck zu tanzen ward redlich von unsrer Gesellschaft erfüllt. Ich spielte dabei freilich die Rolle, die ich beim Schlittschuhlaufen gespielt haben würde, nur blos mit dem Unterschiede, daß sich meine Langeweile dabei nicht in Frost, sondern in starken Schweistropfen Luft machte. Da ich mit keiner Dame in einer Cajüte war; keine schlafen sah; von keiner ein Klompje Zucker in meinen Thee erhielt; auch von keiner Jongens! Jongens! welches zu deutsch mein Gott! mein Gott! bedeuten soll, wie darüber ein geistvolles Werk: Bemerkungen auf einer Reise nach Holland im Jahre 1790, des mehreren nachzulesen stehet, so bin ich freilich nicht im Stande zu beurtheilen, ob die Damen hier kälter oder wärmer als die Holländerinnen sind. Meiner Meinung nach richtet sich wohl dieser Umstand nach den Jahrszeiten, auch vielleicht nach den jedesmaligen Umständen. Doch will ich mich wohl hüten, darüber zu entscheiden, denn ich erkenne wahrlich zu sehr den Werth, sich mit den Damen nicht über den Fuß zu spannen. Es ward, wie es auf Bällen so zu gehen pflegt, getanzt; auch viel und sehr rasch getanzt. Mir wollte nun dabei vorkommen, doch bitte ich zum voraus um Verzeihung, wenn ich etwa sehr was dummes sagen sollte, als wenn die Grazien sich heutiges Tages aus den Tänzen davon geschlichen hätten. Könnte man einem Feldhuhne oder Kibitze nur etwas Musik beibringen, so könnte man dadurch die Zahl der Tänzer sehr vermehren; sich dann und wann auf die Füsse zu sehen, ließe sich ihnen auch wohl beibringen. — Müßte ich nicht fürchten, daß es mir völ-

lig

lig wie den alten Weibern geht, die nie mit dem Costům in praesenti modo zufrieden sind, sondern immer ihre Zeit als die beſſere allegiren, ſo würde ich mir noch die Freiheit nehmen, dies und das über die Mode hinzuzufügen, da die Damen ſich in eine Art Spinnen verwandeln, von denen nur der Kopf und die Beine das Ganze auszumachen ſcheinen. Wie mag ſich die Erfinderin gefreuet haben, die vermuthlich ihren Buckel à l'ordre du jour bringen wollte, als ihr dies Vornehmen gelang, und als ſie Modelle zu Grazien in Taſchenkrebſe verwandelte. Aber wie geſagt, davon ſpricht ſich's nicht gut; es hört eben ſo ſehr zu den delicaten Materien unſerer Zeit, als wenn man über politiſche Sottiſen ſpricht, und dafür Gefahr läuft, als Jacobiner, Illuminat oder Democrat verketzert zu werden. Es könnte einem auffallen, warum das ſchöne Geſchlecht ſo wenig ächte Grazie, und so viel öfterer falsche copirt, wenn man nicht wüßte, daß die Grazien Originale sind, die sich nicht leicht nachbilden lassen. Anspruchlos, nach keinem Vorbilde geformt, mit der Natur in ungetrenntem Bunde, einfach und sanft schweben sie einher. Reinheit des Herzens ist ihr Putz, Unschuld und holde Schaam ihre Schminke! Fühlst du, Jüngling! wilde Begierde erlöschen, schwillt dein Herz hoch empor, wünschet es leise und lechzt es nach großen Thaten, um Werth zu erlangen: dann sind sie dir noch die Huldgöttinnen. Sey froh und bescheiden; nur so bist du würdig ihnen zu opfern! — Wenn die Menschen warm werden, wenn der Geist durch die Sinne feuriger wird, dann zeigt es sich, wie viel er ihrer bedarf. — Sonderbar ist es indessen, daß dies Feuer, welches läutern und zur Weisheit reinigen sollte, so viel öfterer Geckheit hervorbringt.

Ohnstreitig trift man auf Bällen dies Phänomen sehr oft. Wollte man ein Buch über den Umgang mit Gecken schreiben, so wäre dies der Schauplatz, wo man sie aufsuchen müßte, um eine Parthei von jeder Gattung in ihren Eigenheiten zu beobachten. Wenn Jemand in einer solchen Stunde nur sich selbst, seine Figur, seine Grazie, seine Art zu tanzen vor die Augen des Publikums zu bringen bewäht ist, und man kann nicht zum Unglück ausrufen:

Kein irdisch Wesen als sein Ich und
sein Gesicht
Liebt Damimed! — und Nebenbuhler
hat er nicht! —

so sehe ich noch nicht recht ein, wie man sehr viel dabei zu erinnern haben könnte. Allein es giebt der Ursachen der Geckheit so sonderbare, daß man ohnmöglich das Lachen dabei lassen kann. So scheint mir der Grund beinahe mehr als lächerlich, wenn man nur stolz auf die Schönheit einer Anverwandtin, oder die Talente und den hohen Stand sogar eines Freundes zum Gegenstande seiner Eigenliebe macht. Da sollte man doch beinahe an der Existenz irgend eines eigenen Verdienstes zweifeln! — Nur Menschen, die völlig neu in der Welt sind, können die geschmackvolle Einrichtung eines Festes für eine leichte Sache halten. Dergleichen muß mit tiefer Kenntniß auf den Gang des menschlichen Geistes berechnet seyn, wenn es ihm in einem gewissermaaßen ausgelassenen Zustande, worauf man im Genusse der Freuden rechnen darf, rühren und gefallen soll. Dazu gehören Genie, Einsichten und Talente, die nicht immer das Monopolium der gebildeteren Classe sind. Ich verstehe gar nichts davon, bewundere aber immer das am meisten, was ich nicht nachmachen kann, weil meine Eigenliebe das für ungemein künstlich halten will. Eine kleine aber recht artige Illumination, welche bei dem einen Ball zum Intermezzo diente, erinnerte mich an einen Mann, der einen sonderbaren Schwung in solchen Ideen hatte, und sie systematisch zu ordnen wußte. Er war Verwalter eines adlichen Guts in H... Einst feierte er das Geburtsfest seines Herrn, eines liebenswürdigen Grafen, mit einer Illumination, bei der er sein ganzes Genie erschöpft hatte. Hier, sagte er, ist der Standpunkt, von dem Sie das Ganze übersehen nnd beurtheilen müssen, und stellte uns an das Ende einer Allee, wo man die Namen der hohen Herrschaften in getränktem Oelpapiere an verschiedenen Orten culminiren sah. Er ließ uns völlig Zeit, uns nach Gefallen satt daran zu sehen; nun, fuhr er fort, kommen Sie weiter, nun sollen Sie kleine Capricen sehen. In einem Hölzchen waren allerlei bildliche Figuren angebracht, von denen ich mich nur einiger erinnere, die besonders frappant waren. Der Graf war ein schöner Geist; er hatte, selbst Gedichte und dergleichen der Welt geschenkt. In Anspielung darauf war Minerva ganz sichtbarlich in gesegneten Leibesumständen abgebildet. Der Verleger des Grafen, mit allen nöthigen Accouchirinstrumenten versehen, schien seine Dienste anzubieten, und dergleichen verbindliche und witzige Sachen mehr. Eins, welches mir besonders auffiel, und worin ich das Genie des Verwalters am meisten bewunderte, war mitten im Hölzchen. Der Graf hatte einen Förster, auf den er viel hielt, weil er ihm, indem er die Kammerjungfer seiner Gemahlin geheirathet hatte, ohngefähr einen ähnlichen Dienst geleistet hatte, als der Verleger ihm bei der Minerva zu leisten gewillet schien. In Beziehung auf diese Begebenheit war ein Schneckengang, beinahe dunkel; am Ende desselben aber war ein kleines Gebäude, welches die Holländer sehr naiv mit der Benennung: beste Kammer, bezeichnen, äuserst glänzend erleuchtet. Die Thür war herausgenommen, und an ihrer statt ein transparentes Gemälde angebracht, welches den Herrn Förster in Lebensgröße abbildete. Dieser schien ganz verlegen über die Ehre, die ihm wiederfuhr, und dankte dem Verwalter für seine Attention, welcher mir zuflüsterte, es sey ein Zoll, den er der Dankbarkeit für einige Gefälligkeiten bei Ausweisung seiner Feurung entrichte. Er glaube, die Herrschaft könne das nicht übel nehmen, daß er auch des Försters gedacht habe. Das Ganze schien ihm doch an seinen Ort gestellt zu seyn. — Oft meint man, Autoren hätten so viel Einfluß nicht, thunten nicht viel Gutes, vielleicht nur hin und wieder etwas Böses stiften. Wie aber, wenn die Menschen einmal mehr zu jenem geneigt würden? — Es giebt ja Menschen, die alles nach einem Rezepte, wie nach einem Kochbuche thun. So giebt es z. B. Freundschaften, weil es zum Hausgerath eines gebildeten Menschen gehört, ein Wesen um sich zu haben, dem man im Arme hängt, das man zu Zeiten umarmt, Du nennt, und was dergleichen Fratzen mehr sind. Eine solche Freundschaft ist gleichsam auf Noten gesezt, und muß, mir nichts dir nichts, dem Takte folgen, sie mag ein Gesicht dabei schneiden, wie sie will. Alle Gesticulation ist dabei vorgeschrieben; es würde der schrecklichste Verstoß gegen die Kleiderordnung und guten Sitten seyn, da das Bein aufzuheben, wo man laut dem Tanzbuche der Wohlgezogenheit eine Tour mit den Armen zu machen hat. — Es könnte füglich zum Gegenstande einer Preisfrage dienen, was mehr widerlichen Eindruck macht, eine tölpelmäßige Ungeschiksenheit, oder eine Bildung, die sich noch nicht mit der Natur amalgamirt hat, und bei der man die fremden Ingredienzen nackt oben auf liegen sieht. In der Conversation mit solchen Menschen fängt, ehe man sichs versieht, irgend ein Roman an mitzusprechen, dessen Held oder Heldin das Modell abgab, nach welchem sie sich geformt haben wollten. — Billig sollte man in einer Gesellschaft, die sich zum Trinken versammelt, keinen dulden, der nicht mit trinkt, und auf Bällen keinen, der nicht mit tanzt. Es scheint ein allgemeines Gesetz, daß dem die Uebrigen zur Kurzweil dienen müssen, der blos Zuschauer abgiebt. Ich halte dies aber für äuserst unartig, daher gebe ich mir alle Mühe, so viel möglich zu abstrahiren, welches der geehrte Leser schon aus dem Dönchen wahrzunehmen belieben wird, welches ich ihm so eben erzählte. Um ihn noch mehr davon zu überzeugen, will ich zum Schluſſe dieſes Kapitels herſetzen, was ich in meine Schreibtafel ſchrieb, als mir ſo von ohngefähr einfiel, was wohl daraus werden ſollte, wenn die Menſchen durch einen Zauberſchlag die Natur des Federviehes erhielten, obgleich ich zum voraus einſehe, daß ich bei meinen Leſerinnen kein ſonderliches Glück mit ſolchen Verſen machen werde. Sie werden mich mit der unglücklichen Wuth der Poeten entſchuldigen müſſen, die nie ein Stück ihrer Arbeit für ſich behalten können.

An die zärtlichen Mütter.

Ein großes Glück hienieden iſt,
Daß ihr ſie nicht ausſitzen müßt
Die Kindlein, eure Freud' auf Erden.
Gewiß, für Aſſemblee und Ball,
Für Putz und Spiel, würd' überall
Nichts ausgeſeſſen werden! —

Und wenn ihr gar nach Hennenart,
die liebe kleine Brut, so zart,
stets solltet mit euch führen;
wie würd' euch das beim traul'chen Thee
und vis-à-vis dem Cicisbee,
so schrecklich ennüyiren.

Drum macht's das Schicksal wahr=
lich gut,
ihr dürft ums kleine Fleisch und Blut
euch keineswegs bemühen;
zum Säugen sind ja Ammen da,
und wird es groß, so giebt es ja
auch Mägde — zum erziehen. —

Ihr legt die letzte Hand daran,
lehrt eure Tochter, ihren Mann
dereinst nach Noten plagen;
den zuckersüßen Söhnchen, fein
mit Grace jedem Mädelein
Cochonneries zu sagen. —

Sechstes Kapitel.
Eine Anecdote.

C'est un beau pays que la Flandre, n'est-ce pas Monsieur? sagte mir eine Niederländische Emigrantin, und nun fuhr sie entzückt fort, ihr Land zu loben. Das ist nun so ganz Sitte ihrer Landsleute; wir thun das nicht, und viele finden es äuserst lächerlich und abgeschmackt. Ich nicht. Vielmehr stimme ich immer gern mit ein, wenn ich Jemand höre, der sein Vaterland lobt, wenn er auch gleich ein wenig ungerecht gegen Andre wird, und ich ärgere mich zuweilen, daß wir Deutschen das so selten thun. Sind wir zu artig, zu wohlerzogen, um das zu loben, was die Ehre hat uns anzugehören? Oder lieben wir die Veränderung so ausserordentlich, daß uns nur das Neue, und nur die:

45

fes allein, reizt? Es war gewiß ein reisender Künstler, ein Geisterseher, Hofmann oder Prophet, der das egoistische Sprichwort: ubi bene ibi patria, erfand. Nie werde ichs ihm nachsagen, wenigstens nie ausserhalb meinem Vaterlande. Die Emigrantin fuhr fort zu plaudern. Mein Einstimmen machte ihre Zunge noch geläufiger. Ob sie es aus Dankbarkeit that, weiß ich nicht; genug sie fieng an, dagegen uns H... zu loben, ja sie wünschte selbst, wir mögten bald wieder in ihr Land zurückkehren, welches denn wohl der allgemeine Wunsch nicht ist. Vos gens sont des bons enfants, sagte sie unter andern. Mich frappirte der passende Ausdruck. Ich dachte den Augenblick recht über den Kindersinn unserer Nation nach, paßte ihr den Ausdruck auf mancherlei Art und Weise an, und fand ihn allenthalben gerecht. — Mais, fuhr sie etwas leise fort, la composition de

Vos troupes est aussi de beaucoup préférable, à celle de tant d'autres, Vos soldats sont des jeunes paysans des fils de la nature, et les autres ont une quantité de vagabonds, initiés dans tous les vices. Hierin ist viel Wahres. Das riß mich hin; ich lobte auch hier mit; erzählte, wie oft ich die Erfahrung machte, daß man die Ankunft jener Truppen fürchtete, und sich nachher nicht wieder von ihnen trennen wollte, ja, wie ihnen ihre Wirthe entgegen giengen, wenn sie zum zweitenmal kamen, um ihre alten Bekannten wieder zu begrüßen, und ihnen gütlich zu thun. Sie bestätigte dies. Wir sprachen also Gutes von uns selbst, und waren gleichwohl mit einander zufrieden, ein Fall, der nicht sehr oft im gemeinen Leben vorkommen mag! —

Es würde ein mächtiger Verstoß seyn, eine Reisebeschreibung zu fabriziren, ohne ihr irgend eine Anecdote von Fürsten oder hohen Potentaten einzuflechten. Ich werde mich nur in Absicht meines Zweckes von dieser Gewohnheit entfernen; denn wenn die ganze Welt alles Böse hervorsucht, um es zu erzählen, freue ich mich immer, wenn ich etwas Gutes dagegen aufstellen kann, blos par esprit de contradiction. — Die Emigrantin erzählte mir, sie habe auf ihrer Reise den Herzog von *** angetroffen. Sie und ihre Gesellschaft hätten große Lust gehabt, sich in seinen Staaten niederzulassen; man habe ihnen aber gesagt, er nähme keine Emigranten auf. Darum sey ihnen der Vorfall, den Herzog selbst anzutreffen, um so angenehmer gewesen, indem sie ihn nun selbst um die Wahrheit dieses Gerüchts befragen konnten. Einer von ihnen, ein Franzos, unternahm das. Man that, als kannte man ihn nicht. Der Herzog antwortete, es verhielte sich allerdings so, und er wollte deshalb nicht rathen, Ver suche anzustellen, weil er versichert wäre, sie würden nicht gelingen. Der Franzos erwiederte mit der gehörigen Sufficenz, man dürfe ihn und seine Gesellschaft nicht mit den vielen dürftigen Emigranten verwechseln, welche am Ende dem Staate zur Last fallen müßten. Sie hätten sich Gottlob! mit dem Nerv de Subsistance versehen. Desto weniger können sie auf Aufnahme rechnen, versetzte der Herzog. Wenn man bei uns Ursachen hat, warum man keine Emigranten aufnimmt, und sie befolgt, so hat man darum der Menschlichkeit nicht entsagt, vielmehr erkennt man ihre Rechte und hält sie heilig. Elend und Dürftigkeit mögte daher der einzige Titel seyn, unter welchem man ein unglückliches Individuum aufnähme. — Ce seroit le seul titre, de les recevoir, wiederholte die Emigrantin, et un trés beau titre, sagte ich. — Wäre es nicht schön, wenn Deutschland

land recht viel ſolcher Fürſten hätte, wenigſtens würde das die Meute entbehrlich machen, die man izt halten muß, um Illuminaten, Jacobiner, Elamiter und Phereſiter zu hetzen. Sie müßten ſchon von ſelbſt das Handwerk aufgeben! Mich dünkt überhaupt, daß das Geſcheuteſte wäre, es dahin zu bringen, daß kein rechtlicher Mann dem Böſen Glauben beimeſſen könnte, welches man izt ſo häufig auf Unkoſten der Groſſen auszubringen ſucht. —

Siebentes Kapitel.

Ich, der Verfasser, phantasiere, am Ende
habe ich gar Visionen.

Beinahe hätte ich alles schon erfüllt, was
mir in der Qualität eines Reisenden an
Pflichten obliegt. Meine Collegen, die an,
dern Reisebeschreiber, habe ich hin und
wieder zum Besten gehabt, welches natür,
lich ein desto helleres Licht auf mich werfen
muß, je tiefer ich sie im Schatten stelle;
bin mitunter ein wenig satyrisch gewesen;
habe Anecdoten erzählt; es wäre also nur
noch eins übrig, nemlich mich zu verlieben.
Könnte ich diesem, wie die Juristen sagen,
abhelfliche Maaße leisten, so wäre alles ge,
schehen, was man von mir verlangen kann.
Wenn sich meine Leser nicht in den höhern
Wissenschaften umgesehen haben, hauptsäch,
lich nicht in dem eleganten juristischen Styl

51

bewundern sind, der so künstlich eingerichtet
ist, daß man den gelehrten Jargon nicht
einmal aus dem gesunden Menschenverstan-
de und seiner einfältigen Wortfügung erler-
nen kann: So wette ich, daß sie noch nicht
recht wissen, was meine eigentliche Absicht
ist. Ich liebe aber, die Wahrheit zu sagen, solche Zweideutigkeiten nicht; glaube,
daß man so ziemlich alles kann, was man
recht deutlich — will; und daher will ich
mich näher und deutlicher über diese Sache
erklären. Kurz und gut, also, ich will
mich verbinden, ja, vester, was es wollen
und können wie alle und jede Ausflüchte zu be-
nehmen; so handele ich hiedurch dem Erste
folgender Obligation ab:

Ich, Endesunterschriebener, gelobe und ver-
spreche, wohlbedächtig und sonder Wider-
spruch, daß ich der dreihundert und vier-
und zwanzig. Grade verstehen seyn will,
und zwar gemäß folgender Mässen, und die Löschen

D 2

solche, verbotene Absicht, dem gelehrten Leser Kurzweil zu verschaffen, ihn nach bestem Wissen und Gewissen zu unterhalten, auch annebst mit gutem Rath und Exempel zu belehren. Ich entsage deshalb allen Ausflüchten, sie mögen Namen haben, wie sie wollen, sie mögen schon erdacht seyn, oder noch erdacht werden etc. etc.

Im Vorbeigehen gesagt, finde ich nichts bequemer und, um naseweises Nachdenken zu verhüten, angewissener, als sich gegen Dinge zu verwahren, die ein speculativer Kopf erst künftig erdenken könnte. Doch zur Hauptsache. Wenn ich meine Obliegenheit überlese, und der Sache recht nachdenke; so finde ich, daß ich zwar ein Effectus versprochen, aber sehr wenig versprochen habe. Nicht jenes Drums, das unwidersprechlich fühlt, das uns Bald=vorwärts, bald rückwärts zieht, noch nissen Solchem, noch Solcher passus Auiben, nichtsdestoweniger Erklärung der Sen len, die sich fanden ohne sich zu suchen; nicht das Aneinanderreiben der Gefühle, welches dem Gewitter gleich, bald Blitz und zerstörenden Hagel, dann wieder fruchtbaren Regen und sanfte Kühle erzeugt; nicht das Aneinanderschlagen der Herzen, welches Feuer sprühet und den Zunder des süßesten Gefühls entzündet; leitet mich hier, nur mein Wille und mein feierliches Versprechen sind die Triebfedern, die mich in dieser Angelegenheit richten und leiten sollen. — Soll aber mein Vorsatz gelingen, so darf dies alles auf keine Weise laut werden. Ich muß daher den Leser recht sehr bitten, daß die Sache unter uns bleibt, denn ich wäre verlohren, wenn er plauderte. Wer würde der Gegenstand meiner heissen Flamme werden wollen? Würde diese Flamme nicht vergeblich an der kleinen niedlichen Salamanderin hinauf lecken, ohne ihr auch nur ein Haar zu sengen? Am Ende würde dann aus der ganzen Liebesangelegenheit ein Partage d'Arlequin, tout d'un coté et rien de l'autre. Freilich würde das wohl der Unterhaltung und der Kurzweil des Lesers keinen Eintrag thun; denn wenn Verliebte ihnen, vorausgesetzt, daß keine Eifersucht im Spiel ist, allemal einen hübschen Zeitvertreib abgeben, so macht besonders ein Verliebter, der mit seinen kleinen Trümpfen die Forcen des geliebten Gegenstandes nicht abzucoupiren vermag, warlich die drolligste Figur von der Welt, und ich mögte den sehen, der dabei das Lachen lassen kann. Man muß sich nie auf Bedenklichkeiten einlassen, wenn man etwas ausrichten will! Frisch gewagt ist halb gewonnen, sagt das Sprichwort. Ich gieng daher in eine Assemblée, und brummte im Gehen: Ça ira! ça ira! ça ira! Da ich nun kein Sansculotte bin, sie hingegen pflichtmäßig alle zum Teufel wünsche, so erschrack ich nicht wenig, als ich mich bei diesem Sang ertappte. Wie, wenn das jemand gehört hätte! — Nachdem ich mich ein wenig von dieser Angst erholt hatte, fand ich den Umstand gleichwol ganz gut, wenigstens paßte es vollkommen zu der Stimmung einer Seele, die nach Liebe trachtet. Das Ça ira! mußte ein Vorlad seyn, daß ich meinen Zweck erreichen würde, und wenn erst Aberglauben da ist, so ist schon ein Großes gewonnen: das Verliebtwerden bleibt nicht leicht aus, denn es giebt doch wol keine abergläubigere Menschen, als Verliebte. Sie legen Karten; ängstigen sich, wenn grande patience nicht aufgehen will; glauben an Ahndungen, an Zeichen und Wunder; wissen Dinge in Verbindung zu setzen, die durchaus nichts mit einander gemein haben, blos um den vortreflichen Schluß machen zu können: wenn das eintrifft, so trifft auch jenes ein;

ja sie spielen paar oder unpaar, und zäh=
len an den Knöpfen ab, ob Liebchen hold
und treu oder griesgramig und leichtsinnig
sey. Sonach glaubte ich, als ich mich auf
Aberglauben ertappte, schon einen guten
Schritt vorwärts in meinen Geschäften ge=
than zu haben, und ich trat daher mit
mehr Muth in die Gesellschaft, als ich sonst
gethan haben würde. — Man sagt, es ha=
be Philosophen gegeben, welche behaupte=
ten: Wenn ein H. v. Esel, der hungrig
und durstig in einem Grade wäre, in glei=
cher Entfernung vom Futter und Trank=
angebunden würde, so würde er aus Un=
schlüssigkeit sterben, weil er nicht wüste,
wozu er zuerst greifen wollte. Ohne mich
nun eben mit einem so ehrwürdigen Thiere,
dessen sogar die heilige Geschichte rühmlichst
erwähnt, vergleichen zu wollen, und obgleich
ich es ziemlich abgeschmackt finde, derglei=
chen zu behaupten, welches nur einem Phi=

losophen von Profession einfallen kann, so
gestehe ich gleichwol, daß als Bild der Un-
schlüssigkeit betrachtet, der Fall einigermaßen zu gebrauchen ist. Ein ähnliches Hin-
und Herschwanken der Neigung ist es, warum man in großen Gesellschaften nicht
leicht verliebt werden kann, wenn man sich
gleich feierlich und bündig dazu engagirt
hat.: Mir gings wenigstens hier so. Kaum
heftete ich mein Auge auf einen Gegenstand, so flatterten in einem Mu so vielr
Bilder vor meinem Auge vorüber, als wen
ich in einem Guckkasten einer Haupt- un
Staatsaktion zusähe. Es ging mir oft w
einem Dichter, der die ernsthafte Mu
um Begeisterung anruft, und dem unte
dessen die komische Fratzengesichter schneid
und ihm das Concept verrückt. Freil
kann ich nicht leugnen, daß einige re
niedliche Phisiognomien mir und and
Pilgrimmen zuzurufen schienen: All

speiset und logieret man! Andre dergleichen so freundlich und einladend aussahen, als wenn sie sagen wollten: auf 6 Tänze bin ich zwar schon engagirt, ich bitte mir aber den 7ten aus, mit Ihnen zu tanzen. Doch sind dergleichen Schilder nicht selten sehr trüglich, oft ist für den Augenblick alles besetzt, und ein Fremder findet keinen Platz mehr, oder der 7te Tanz wird gar nicht mehr getanzt, wenn man die 6 ersten mit der lobenswürdigsten Resignation abgewartet hat.

Ohngefähr war das meine Geschichte, für mich war durchaus nichts zu machen. Ungeduldig und anmuthig über mein ungünstiges Schicksal, schlich ich mich aus der Gesellschaft früh fort, und rief, als ich allein war, in einer Art von Wahnsinn den Mond zum Zeugen meiner zwar fehlgeschlagenen, aber gleichwol höchstlöblichen Absicht, meinem Versprechen treulich nachzukommen. Indessen war es, wie gesagt, ein Wahnsinn, wenigstens doch eine starke Inconsequenz, mich unter diesen Umständen an den Mond zu wenden, was wollte ich mit ihm machen, da ich nicht verliebt war, und es nicht einmal werden konnte, trotz aller Mühe, die ich mir gab. —

Wäre nicht der Zufall, das blinde Ohngefähr, wer würde solche Lücken ausfüllen? Mein Haus fand ich verschlossen, ich war mithin gewissermaßen genöthigt, einen Spatziergang zu machen, obgleich ich freilich auch dem Rathe eines Umstehenden hätte folgen können, der mir auch eingab, so lange vor dem Hause zu warten, bis der Mensch zurück käme, der den Schlüssel hatte.

Die Trauer über mein widriges Schicksal, von einer mit den feinsten leckersten Gerichten besetzten Tafel, hungrig wieder zurück gekehrt zu seyn, der Mond, endlich meine Qualität als empfindsamer Reisender, alles dieses stimmte mich zur Schwermuth, und leitete meine Schritte gerade nach einem Kirchhofe zu. Hier ging ich denn an einer alten gothischen Kirchmauer auf und ab, an welcher die vor dem Monde vorüberziehenden Wolken allerlei schauerliche Schattirungen bildeten.

Diesen Wolken gleich, jagten sich meine Gedanken. Lange war ich nicht im Stande, irgend einen derselben aufzufassen, bis ich endlich anfing, so den Ursachen nachzuforschen, warum dieses und jenes in der Welt so und nicht anders ist? Dieser reichhaltige Stof verwickelte mich in ein Labyrint von Wenns und Abers, aus welchen ich mir nicht recht herauszuhelfen wußte. Ich fing an, dafür zu halten, alles Reformiren tauge nichts, man müsse es fein beim Alten lassen, und die Mißbräuche mit dem Gemeinplatze hinunter

61

schlucken, auch sie gehörten zur besten Welt. Da nickte mir plötzlich eine Erscheinung Beifall zu, die wie ein Deus ex machina in einem Roman oder Schauspiel zu beliebiger Lösung des zu fest geschlungenen Knotens da stand. Es war ein dickes schwerfälliges Wesen, es saß mit einer lächerlichen Ernsthaftigkeit auf einem Throne von Papier. Es waren große Ballen juristischer Deductionen, theologischer Streitschriften, Recepten zur Universalmedizin, Gelegenheitsgedichten, Controverspredigten, Freimäurerreden und Romanen. Dies Wesen, Geist konnte man es gerade nicht nennen, es sah vielmehr einem dicken zähen Dunst ähnlich, der sich ohngefähr zu der Masse eines Priors gebildet hatte, las mit sichtbarem Wohlgefallen in der Wiener Zeitschrift, und streichelte den Verfassern von etzgar damit verwandten Journalen die Wangen, um sie bei guter Laune zu erhatten, und damit sie nicht eifersüchtig werden möchten. Eine ungeheure Menge aus allen Ständen, von allem Alter und Geschlecht, drängten sich vor den Thron, und schienen nach dem Wohlgefallen des Wesens zu geizen, das ihn einnahm. Ihre Werte waren so verschieden, daß ich nie fertig werden würde, wenn ich sie beschreiben wollte. Einige starrten vor sich hin; andere tanzten; andere schlugen mit Fäusten um sich; wieder andere schrieben, und hatten die Federn in ein Gift getaucht, von welchem man ihnen vorgesagt hätte, es tödte gewisse Leute, blos wenn sie die Schrift ansähen. Gleichwohl that es wenig Schaden, weil es nur wenig gelesen wurde.

Die ganze Versammlung saß um ein großes Feuer, an welchem zwei Illuminaten, sechs Jakobiner und neun Doktrinaires gebraten wurden, welche sich bei der Operation tödt lachen wollten. Zwei Männer

63

waren mir besonders merkwürdig. Der Eine saß in einem eigenen Behältnisse, war mit verschiedenen Orden behangen, aber ganz wählig. Er biß und schlug alles, was ihm nahe kam, sobald es nur ein wenig gescheut aussah, und schnitt dabei gar jämmerliche Gebärden, die jedoch von einigen sorgfältig nachgeahmt wurden. —

Der Andere stand ganz ruhig in einem großen Tonnenreife, und wärmte sich bei dem Feuer den Hintern. Man sagte mir, daß er vermöge einer sonderbaren Convention innerhalb dieses Reifes die Excellenz habe, und ihn daher ungern und nie ohne die höchste Noth verlasse. —

„Aber wo bin ich denn? rief ich aus; denn ich wußte nicht, ob ich in ein bezaubertes Narrenhaus oder sonst wohin gerathen wäre. Sachte! sachte, rief mir ein fetter Mann zu, sehen Sie denn nicht, daß hier Geschäfte getrieben werden? Stören

Sie uns nicht, wenn ich bitten darf! — Sind Sie etwa auch ein Illuminat, oder sonst so'n Kerl? so wollen wir sie auch ein wenig braten."

"Bst! bst! rief ein Männchen, das mit Mühe den Kopf aus einer Menge ungeheurer Folianten heraussteckte, das hat nichts zu bedeuten, lassen Sie sich nicht abschrecken, sondern seyn vielmehr ungenirt. Ich muß warlich lachen über die wichtigen Arbeiten, ja das ist was rechts! Hier wird blos am allgemeinen ewigen Frieden; an einem Plane zu zehn Campagnen gegen die verdammte Aufklärung, und an einem Universalglauben für alle Menschen gearbeitet, darum wird man wohl nicht viele Umstände machen dürfen! Wenn ich noch darüber klagte, da ich eine kurze pragmatische Geschichte der großen Gottheit, die sie da vor sich sehen, schreibe; aber mich stört nichts. Schon habe ich mehr Bände

im

im Manuscript fertig, als die allgemeine
Welthistorie stark ist. Ist Ihnen gefällig,
so können sie darauf pränumeriren."

Ich zählte geschwind ein paar Louisd'or
auf Abschlag, um wenigstens einen Freund
in dieser vortreflichen Versammlung zu ha=
ben. Aber sagen Sie mir, ich bitte Sie,
wo bin ich? fragte ich leise und schüchtern.
Der kleine Historiograph sprang im Enthu=
thusiasmus über die blanken Louisd'ors auf
seine dicken Folianten, und machte mir eine
gravitätische Verbeugung. "Mit der Nach=
richt kann keiner Ihnen besser dienen, als
ich, sagte er. Sie sind am Hofe, oder
wenn Sie lieber wollen, im Tempel der
erhabenen Dummheit, Ihnen gehorsamst
aufzuwarten." Der Dummheit? wieder=
holte ich verwundernd. "Ei nun ja, der
göttlichen Dummheit, versezte er; war Ih=
nen das so unerwartet? Oder wäre es
möglich, daß Sie nie von uns gehört hät=

ten?" O! gewiß ich habe sehr vieles von Ihnen gehört, ich — ich habe allen Respect vor Ihnen, sagte ich, dabei sah ich mit Schaudern auf die bratende Societät. "Das will ich gern glauben, erwiederte das Männchen und brüstete sich unbeschreiblich, wir wissen uns in Respect zu erhalten. Ich sehe indessen, daß Sie von der Pracht des ungewohnten Anblicks frappirt sind, und doch ist dies nichts. Sie sollten uns in ** oder in *** sehen, wo wir garnirte Hotels haben. Vormals waren die Reichsstädte unsre Residenzen, heutiges Tages muß man sich hier schlecht, und wie Sie sehen, unter freiem Himmel behelfen. Izt sind wir ohnehin auf Reisen; man hat bei den gegenwärtigen Zeitläuften alle Hände voll zu thun. Wollen Sie der hohen Dummheit vorgestellt seyn, so geben Sie nur noch einen Augenblick Geduld. Wenn sie die Wiener Zeitschrift liest, so hält sie nicht lange mehr aus, sondern fällt bald im Schlaf, und das ist der Zeitpunkt, da sie Audienz giebt; dann steht Jedermann der Zutritt offen, der sich die Beobachtung gewisser Ceremonien und Etiquette gefallen lassen will. Indessen muß man auch gestehen, daß diese für einen Fremden ziemlich lästig sind, denn Sie sind genöthigt, so lange als ein Schwein zu grunzen, oder wie ein Esel zu schreien, bis einer von den Ceremonienmeistern, deren wir 5000 haben, Ihnen erlaubt zu reden. Keiner ist von dieser Etiquette ausgenommen, als der seine Anrede in Versen, gleichviel gereimten oder ungereimten, zu halten im Stande ist. Können Sie das, so sind Sie jener figürlichen Hofsprache überhoben." Unwillig versezte ich, nie würde ich mich so erniedrigen, der Nachahmer verächtlicher Thiere zu werden; nein, wenn eins seyn muß, so rede ich in Versen.

Bedenken Sie wohl, was Sie
Mit der Poeterei ist es gleichwol
ein eigener Kram, denn sind Sie
darin nicht Original, so ist Nachah-
g doch nichts als Nachahmung, und
dürfen in der Wahl Ihrer Muster so
l nicht thun. —

Ich. (noch verdrießlicher als vorhin) Ich
de in Versen, das ist beschlossen!

Er. Und ich schreibe sie auf, das ist
gleichfalls beschlossen. Machen Sie's nur
nicht zu kurz, wenn ich bitten darf, damit
Sie mir ein paar Seiten in meinen Wer-
ken ausfüllen.

Eine schmeichelhafte Bestimmung, als
Mitarbeiter an den Actis der erhabenen
Dummheit in der gelehrten Welt zu er-
scheinen! — Vielleicht verschafft mir der
Ruf Anträge zur Theilnahme an gewissen
Journalen! — Bis zu dem Zeitpunkte
meiner Audienz sah ich mich nun unter den

Umstehenden um, und fand noch manchen berühmten Mann und manchen guten Bekannten in dem Haufen. An Unterhaltung mit ihnen war indessen gar nicht zu denken; alle waren zu beschäftigt, freilich nur mit sich selbst, allein das war in der Wirkung einerlei für mich. Ich gab meinem Begleiter zu verstehen, ich wundere mich über die Wichtigkeit, die jeder sich beizulegen wüste, denn ich kannte manchen darunter, als nichts weniger wie wichtig. "Das gehört zum Ton, erwiederte der kleine Mann, es ist eine Hauptetiquette bei uns."

Bald darauf entstand ein Geräusch; die Dummheit war eingeschlafen, und nunmehr begann sofort die Audienz. Es waren verschiedene Fremde da, die vorgestellt zu werden verlangten. Wir wurden alle in ein Behältniß zusammen getrieben, aus welchem nur eine Oefnung hart an dem Käfig vorbei ging, in dem der vorgenannte wählende

Ritter saß. Er beroch jeden unter uns, und wenn er das Geringste von Jacobinismus, Illuminatismus, Aufklärung und dergleichen witterte, so biß, schlug und kratzte er auf die unbarmherzigste Art, und der Gebissene, Geschlagene oder Zerkratzte ward in ein dunkles Loch geführt, oder dem Befinden nach auch wohl sogleich ans Spies gesteckt. Ich kam mit einer leidlichen Ohrfeige davon. Nun mußte ich auf allen Vieren bis zu den Stufen des Throns kriechen. Man bot mir zu Zeiten eine kleine Erfrischung an, die in etwas Heu oder einigen Diestelköpfen bestand, welche ich aber verbat. Hier fieng ich meine Rede, oder vielmehr mein Loblied an herzusagen, und den grunzenden und Ya! schreienden Cavalieren ward so lange auf eine ziemlich grobe Art ein Stillschweigen imponirt. —

An die erhabene Dummheit.

Du großes Wesen, das in allen Zonen
so manches Gut der Welt geschenkt!
Du, dem die Menschen gerne frohnen,
weil man bei dir, den Kopf zu schonen,
beständig spricht, — und niemals denkt. —

Dir, große Dummheit, weih ich meine
Lieder,
o! lächle aus dem fetten Kinn
zufrieden, gütig auf mich nieder,
wenn ich des Reimesuchens müder
als du der stolzen Ruhe bin.

Beglücke mich, und gieß mir, was den
deinen
beschieden war von Ewigkeit.
Wobei uns deine lieben Kleinen
in ungetrübten Glanz erscheinen,
die edle Selbstzufriedenheit.

Du bist die Gottheit, die den Stolzen
blähet,
ihm seliges Gedeien giebt!
Du schwellst den Kamm ihn, wenn er krähet,
und nach Gebühr den Thoren schmähet,
der Weisheit, Freud' und Frieden liebt.

Die hältst auf Zucht, läss'st nichts vom
Herkomm'n schwinden,
das aus dem Werk den Meister preist.
Das Recht, zu lösen und zu binden,
Vergebung schon für künft'ge Sünden,
Das ist so ganz in deinem Geist.

Der Schlendrian, ja das ist deine Sache,
den nimmst du ganz in heil'gem Schutz!
Der präsidirt in jedem Fache,
vom Kabinet bis in der Wache,
wohl Männiglich zu Nutz und Trutz.

Bei großen Festen, Cirkeln, Assem-
bleen
sind deine Treuen überall!

Da sieht man große Haufen stehen,
die an dem armen Staatswerk drehen
nach dem politischen Journal.

Da ist man denn nach Neuigkeiten lü=
stern,
und anbei wird auch wohl gefragt
nach Vettern, Basen und Geschwistern,
gleich nach dem Spiel hört man ein Flüstern:
wie haben Sie's gemacht? —

Das ist dein Werk! Auch lehrst du
combiniren;
politische Gespenster sehn;
weissagen; folgern; raisonniren;
lehrst große Thaten recensiren
viel leichter, als — verstehn! —

In allen Ständen hast du deine Die=
ner,
und alle siehst du gnädig an!
Von dir beseelet, schimpft sich's kühner
auf die Vernunft, als selbst der Wiener
Professor Hoffmann — es nicht kann.

Du giebst den kleinen Fürsten die Sol-
                daten,
den Grossen Liebelei und Jagd;
vereinigst sie und ihre Thaten,
wenn ihre Sorgfalt für die Staaten
sie schlaflos — keine Nacht gemacht.

Minister, die nicht ohne Secretairen
ihr Daseyn schleppen, krönest du
wie Feldherrn, denen die Monchéren *)
die große Kunst zu siegen lehren,
mit Lorbeern, Selbstgefühl und Ruh!

Ach Dummheit! Dummheit! größtes
                Gut auf Erden!
Erbarm dich eines armen Wichts!
O! nimm mich auf in deinen Heerden!
Doch, kann ich nicht dein Liebling werden,
so — gute Dummheit! — thu mir nichts!!!

Einer von den 5000 Ceremonienmeistern bezeugte mir das Wohlgefallen der

---

*) So hiessen im siebenjährigen Kriege die
  Adjutanten.

hohen Dummheit. Er wolte bemerkt haben, daß sie mir im Schlafe Beifall zugelächelt hätte. Ob dies Wahrheit, oder eine feine Schmeichelei war, kann ich nicht entscheiden. So viel ist indessen gewiß, er versprach mir in einer langen Gegenrede den Schutz seiner erhabenen Gebieterin, jedoch erwarte sie von mir, daß ich mich desselben nicht unwürdig mache. Man verlange nicht viel, wenigstens nichts schweres von mir, setzte er hinzu, ich sollte nur über nichts nachdenken, sondern immer blind nachsagen, was man mir vorsagen würde. Mich dünkt, dies war leicht genung. Ich sah immer nach den Herren hin, die am Spiesse steckten, und versprach alles, was man von mir forderte.

In diesem Angenblicke drängte sich ein Courier durch die Menge, die Dummheit wurde geweckt, alles machte sich zur Abreise fertig. Mein Freund, der kleine Geschichtschreiber, schickte sich auch dazu an. Als ich zu ihm znrück kam, sagte er mir, die Reise gienge nach ***. Das dasige Cabinet wolle eine wichtige Deliberation anstellen, wozu die Dummheit eingeladen sey. Unterdessen war alles zur Abreise fertig geworden. Die Erscheinung erhob sich majestätisch. Das Ganze war eine Art Luftschiff; ein halb Dutzend von den fliegenden Blättern bogsierten es. Drei und siebenzig Mönche, 19 Domherren, das **er Landesconsistorium und sechs Geisterseher lagen als Ballast unten im Schiffchen, um das Ding im Gleichgewichte zu halten. Endlich verschwand es. Was mich aber am meisten wunderte, war, daß die ganze Gesellschaft, die am Spiesse gesteckt hatte, itzt völlig unversehrt wieder davon gieng, ja sie war sogar so frech, der Erscheinung ein Schnippchen nachzuschlagen. —

Achtes Kapitel.
Das Stäudchen.

Eben war ich im Begriff nach Hause zu gehen; mich fror, ob es gleich mitten im Sommer war. Aber wer wird es mir auch verdenken? Alle meine Gefühle waren stumpf und kalt geworden, indem ich so mit der leibhaftigen Dummheit Conversation gehalten hatte. Man könnte das kalte Fieber davon kriegen! Auf meinem Wege kam ich vor einem Eckhause vorbei, an welchem seitwärts ein dunkles Gäßchen lief. Leise hörte ich eine Guitarre; ich blieb stehen. Eine sonorische Tenorstimme sang dies Lied.

Horch auf meine Klagetöne,
Süßes Mädchen, schlafe nicht!
Komm, ach komm! des Abends Schöne,

lockt sie dich ans Fenster nicht?
Kling, klang, kling, klang, kling, klang!
Hör der Liebe Nachtgesang!

Ha du kommst! Ich seh dich lau-
  schen,
seh das weiße Nachtgewand;
hör' des Fensters Vorhang rauschen
von der lieben kleinen Hand! —
Kling, klang, kling, klang, kling, klang!
Horch der Liebe Hochgesang!

Lausche nicht, ich bins, dein Treuer,
der Dich liebt, wie keiner liebt! —
Ach! daß dieser Liebe Feier
meine Tage so getrübt!
Kling, klang, kling, klang, kling, klang,
Horche, es ist mein Gesang!

Aus den schönen Augen strahlet
feuriger der Mond zurück;
und in einer Thräne mahlet
Sich der Liebe banger Blick.
Kling, klang, kling, klang, kling, klang,
Hör der Liebe Trostgesang!

Wie der Drang der Hochgefühle
meinen Busen höher hebt! —
Wär' ich doch des Westes Kühle,
die um deine Locken schwebt!
Kling, klang, kling, klang, kling, klang,
Hör der Liebe Allgesang!

Dich in Rosenduft umgeben,
welch ein lieblicher Genuß!
Mädchen, hätt' ich tausend Leben
gäb' ich sie um einen Kuß! —
Kling, klang, kling, klang, kling, klang,
Horch der Liebe Allgesang! —

Aber ach, ich steh und klage
in dem bangen Saitenspiel;
harr' mit Sehnsucht beßrer Tage,
harre unsrer Liebe Ziel!
Kling, klang, kling, klang, kling, klang,
Hör der Liebe Klaggesang!

Auch der Nacht, die voller Grauen
uns so schwer mit Schrecken plagt,
folgt ein Tag! — laß uns vertrauen!
Süßes Mädchen, gute Nacht!

Kling, klang, kling, klang, kling, klang,
Hör der Liebe Trostgesang!

Eine sanfte Musik begleite dieses Lied. Als es aus war, begann ein leises Gespräch; doch nicht lange, da entstand in dem Hause ein kleines Geräusch. Gute Nacht, guter Ferdinand! hallte es leise vom Fenster herab; der Sänger warf einen Kuß hinauf, mit welchem seine Seele himmelan zu steigen schien. Das Fenster ward zugemacht; noch einmal blickte er hinauf, da kam er mir näher, indem er auf die Straße zuging, an deren Ecke ich stand. Er erschrack, als er mich sah, und schien unschlüssig zu werden, ob er umkehren oder weiter gehen sollte; ich kehrte um, er kam mir nach. Als wir bereits in der großen Straße waren, blieb ich stehen. Bist du's, Jakob? rief er leise. Ich bin nicht Jakob, sagte ich. Verzeihen Sie mir den Irrthum.

thum, erwiederte er, ich glaubte, mein Bedienter wäre mir nachgekommen, ich erwartete ihn.

Ich. Zwar bin ich nicht Ihr Bedienter, aber gleichwol bin ich herzlich bereit, Ihnen zu dienen, wenn ich kann.

Er seufzte. Ich fuhr fort: Ihr Spiel und Gesang lockten mich, ich habe Sie belauscht; doch da ich hier fremd bin, so können Sie für Indiskretion von meiner Seite völlig sicher seyn.

Er. Leider habe ich zu wenig Hoffnungen, als daß Sie dieselben vermindern könnten, und wenn Sie mich gleich verrathen wollten.

Ich. Das klingt schlimm. Aber erinnern Sie sich, daß die Hoffnung weit veränderlicher als das Aprilwetter ist. Zwei Räder treiben sie. Die Umstände, welche sich leicht ändern, und unser eigener Muth, den wir entweder erheben, oder sinken las-

F

sen können, je nachdem wir gerade gestimmt sind.

Er. Wie aber, wenn man sich ihr ohne Wahnsinn nicht überlassen kann? Wenn man mit der heißesten Phantasie nicht im Stande ist, der Seinigen Schnellkraft zu geben?

Ich. Das scheint uns oft blos so, weil wir in unserer eigenen Sache partheyisch sind, und plötzlich verändert der kleinste Umstand die grösseren.

Er. O, der Zufall! Wenn ich auf ihn rechnen wollte! — (Er seufzte wieder)

Ich. Nun, da müssen ihre Sachen sehr übel stehen.

Er. Ja, das versichere ich Sie, es ist nicht möglich, daß sie schlimmer stehen könnten.

Ich. Ich will mich nicht in Ihr Vertrauen dringen, aber gleichwol dächte ich, könnten Sie nichts dabei verlieren, wenn Sie mir etwas von Ihrer Lage ent: deckten. Denn kann ich Ihnen gleich nicht helfen, so kann ich doch wenigstens mit Ihnen fühlen, und wenn auch nur auf einen Augenblick, die Last eines drük: kenden Gefühls mit Ihnen theilen. Er drückte mir die Hand, hielt sie fest, und blieb, wie in Gedanken versunken, stehen. Plötzlich fing er an: Ein Lichtstrahl schießt durch meine Seele, aber vielleicht ist es blos der Schein. Gleichwol, haben Sie Neigung und Muße, sich morgen Abends um diese Zeit auf jenem Kirchhofe einzu: finden, und entweder mich, oder jemand an meiner Stelle zu erwarten, so können Sie mir vielleicht nützlich werden; itzt würde uns das Plaudern doch nur zu nichts führen. — Sie sollen mich da un: fehlbar finden, sagte ich, und wir schieden.

Neuntes Kapitel.
Das längste und unterhaltendste.

Das sonderbarste Ding in der Welt, ist doch wol ganz unstreitig, das menschliche Herz; seine Tiefen sind unergründlich, sagt, glaub' ich, Salomo, oder sonst ein Weiser. Was die Tiefen anlangt, so glaub' ich, daß man weit mehr Ursache hat, sich vor den Untiefen zu fürchten, auf welche man, wenn ein Unglück seyn soll, mir nichts, dir nichts, strandet, oder sonst zu Schaden kommen kann, denn richtige Seecharten lassen sich einmal nicht davon stechen. Inconsequenzen und allerlei Zufälle treiben die Sandbänke, ja selbst die Klippen, im Fahrwasser hin und her, und selbst der geübteste Schiffer ist keinen Augenblick vor Schiffbruch sicher, vor allem, wenn er irgend einen Hafen sucht, wo er sein Schiff vor Sturm und Wetter zu schützen denkt. Das Einlaufen ist äußerst schwer und gefährlich, und in dem Hafen selbst geht oft schwere See. — Doch wir wollen an Land steigen, und uns hier ein wenig unter den Herzen der Menschen umsehen. Da trifft man denn einige, die den Wirthshäusern zu vergleichen stehen, in welchen Jeder nach eigenem Gefallen einkehren kann, und für sein Geld schlecht oder gut bedient wird. Dem Wirth sind die Gäste im Grunde alle höchst gleichgültig, wenn sie nur die Zeche bezahlen, duldet er sie, sonst nicht. Andere sind wie Hospitäler und Armhäuser, Nothleidenden vorzüglich offen; gemeiniglich waren ihre Besitzer ehemals unglücklich, und retteten sich mit genauer Noth aus dem Schiffbruch, indem sie Leichtsinn, Stolz und Härte über Bord warfen; oder sie sind es noch, und wollen nur ihres Gleichen beherbergen. Andere sind wie gewisse von der Polizei geduldete Häuser, die man, um größere Unordnungen zu verhüten, seyn läßt: nur mit entblößter Brust und gelösetem Gürtel, ist der Zutritt offen. Andere sind wie Schilderhäuser, nur einer kann sich nothdürftig darin schützen, wenn das Wetter nicht gar zu schlecht ist. Andere sind wie Prunkzimmer, man sieht große und sehr scheckige Gesellschaft bei einander, die eben so kalt und gleichgültig auseinander läuft, als sie zusammen kam. Viele sind leider wie Zimmer mit Wänden von eitel Spiegelglas, nur der Hausherr ganz allein spatziert darin umher, und weiset jedem sofort die Thür, der nicht mit ihm seiner artigen Figur Beifall zulächelt. Selten, ach sehr selten! findet man ein ruhiges Wohnzimmer, mit einer lachenden Aussicht in die schöne einfache Natur, in dem eine glückliche Familie bei einander wohnt, die, ob gleich sie zu ihrem häuslichen Glücke keines fremden Einflusses bedarf, gleichwol jedem, der bei ihr einkehrt, ein Ruheplätzchen gönnet, dem Biedermann traulich die Hand schüttelt, ihn willkommen heißt, und vorsetzt, was das Haus vermag. — Wie treibt doch ein ewiger Tumult alles so durch einander! Aus dem Chaos entwickelte sich ja die Schöpfung so schön, wie sollte sich nicht auch aus dieser Gährung Gewinn ziehen lassen? Wenn gleich nicht allgemeiner, doch sicher individueller, dachte ich; ruhige Beobachtung muß uns belehren. Freilich Lehrgeld giebt jeder, keiner ist frei davon: glücklich, wer am Ende Einnahme und Ausgabe einigermaßen balanciren kann! —

Das waren ohngefähr die Betrachtungen, welche ich am Abend nachher, als mir die Dummheit erschienen war, an eben dem Orte anstellte, wo ich diese Erscheinung gehabt hatte. Ob noch etwas davon in ihrem Sinn und Geschmack war, mag der Leser entscheiden. Bekanntlich war ich hier von dem Sänger vom vorigen Abend bestellt, und erwartete ein Abentheuer; kein Wunder also, daß ich mit gespannter Neugier harrte, was da herauskommen würde? Hier fiel ich in die Phantasie über das menschliche Herz, die der Leser gehört hat, und als ich eben im Begriff war, so im Ganzen einen Ueberschlag zu machen, wie es eigentlich mit dem Gleichgewichte meines eigenen Herzens stehe? ob ich mehr Ausgabe als Einnahme hätte? wie hoch sich meine Schulden belaufen könnten? und ob ich bonis cediren müßte, um sie zu tilgen? — Da sah ich plötzlich eine weiße Gestalt aus der Kirchmauer daher schweben.

Wenn man Verse machte, philosophische Betrachtungen anstellte, oder gar Gleichnisse fabricirte; so ist man so wenig bei sich selbst, man ist so wenig geneigt, die Dinge für das anzusehn, was sie wirklich sind; kurz man ist sehr von fremden Geistern begeistert, daß man mit dem eignen nichts, oder doch sehr wenig anzufangen weiß. Wer wird es mir übel nehmen, wenn ich diese weiße Gestalt gerade für das ansäh, was sie nicht war? Bald hielt ich sie für eine Muse, bald für die Philosophie selbst, welche nachsehen wollte, was ich noch so spät auf dem Kirchhofe machte. — Auf einige Schritte von mir blieb die Figur stehen; mit ungewisser, ja mit zitternder Stimme redete sie mich in französischer Sprache an, sie sagte: sie nähme ihre Zuflucht zu mir, da sie glaube, que j'étois un homme comme il faut. — Mais, erwiederte ich schnell, il sagit, si je suis un homme comme il Vous saut! — O, sagte sie ganz naiv, und zwar auf deutsch, sind Sie das erste, so werden Sie auch das letzte seyn! Ich fing an, meine Unartigkeit zu fühlen, denn war gleich der Schauplatz, wo die Scene vorging, etwas zweideutig, so konnte mich das keinesweges berechtigen, im zweideutigen Styl mit ihr zu reden. Zu dem zeigte ihr Ton und Anstand, daß sie zu den feineren ihres Geschlechts gerechnet werden müßte. Vielleicht trug auch die schöne Gestalt, ihr großes Auge und die sanften Züge ihres Gesichts nicht wenig bei, mich an die Schuldigkeiten zu erinnern, die ich ihr abzutragen hatte. Womit kann ich Ihnen dienen? fragte ich mit der verbindlichsten Miene, die mir zu Gebot stand. Vorerst mit Ihrem Arm, sagte sie, und schlang ihren rechten Arm um meinen linken. Ich wollte nun ganz wieder gut machen, was ich vorhin verdorben hatte, daher verfiel ich vermuthlich in die lächerliche Artigkeit, ihr meinen rechten Arm anzubieten, als wenn der bes ser wäre, als der andere. Non non, sagte sie, il vaut mieux comme ça! Es ist mir hauptsächlich darum zu thun, kein Aufsehen zu machen, darum ist es besser, daß wir wie alte Bekannte, ohne Umstände, mit einander gehen, man hält uns so vielleicht gar für Mann und Frau, und das ist mir lieb. Ich wußte nicht, was ich dazu sagen sollte, wahrscheinlich machte ich eine sehr dumme Figur. Auch, fuhr sie fort, kann man nicht wissen, ob Sie Ihren rechten Arm nicht für mich auf eine andere und nützlichere Art gebrauchen müssen, als wenn ich daran hänge.

Ich. Was wollen Sie damit sagen?

Sie. Avez vous l'esprit bouche? Würden Sie mich nicht vertheidigen, wenn man mich an Ihrem Arme beleidigen wollte? Ohne Zweifel, erwiederte ich lebhaft, und drükte ihr sanft die Hand. Nun, das sah ich Ihnen doch gleich an, sagte sie.] — Ueber das leidige Physiognomisiren, murmelte ich leise in den Bart, und das sogar im Mondschein!

Wir standen eine Weile, ohne zu reden, und ich kratzte mit meinem Stocke in dem Sande, als wenn ich da das Resultat dieser Begebenheit herauskratzen wollte. Sie schien gleichfalls darauf zu achten. Endlich unterbrach sie mich: Izt ist es Zeit, daß wir gehen, sagte sie; ich habe Sie mit Fleiß nicht gestört, als Sie in Gedanken standen, denn es war gut, noch ein wenig Zeit verstreichen zu lassen. Izt aber müssen wir gehen.

Ich. Wohin?

Sie. Das werden Sie bald sehen.

Ich. Sie geben mir Räthsel auf.

Sie. (fein lächelnd) Das glaub' ich wol, aber das schadet nichts, sie lösen sich am Ende.

Sie sprechen entscheidend, sagte ich scherzend.

Sie. (wie vorhin). Muß ich das nicht? es ist ja hier meine Rolle.

Ich. Sagen Sie mir doch, mein liebes Mädchen, wer sind Sie? Wie kommen Sie hieher, und wie kommt es Ihnen ein, mir so viel Zutrauen zu schenken?

Sie. Das ist viel auf einmal gefragt. Doch ich will Ihnen so viel darauf antworten, als Sie vorerst zu wissen brauchen. Wer ich bin, geht Sie gerade am wenigsten an, da Sie wissen, daß ich Schutz bedarf, und diesen von Ihnen als Schwächere verlange; und wenn ich's Ihnen sagte, würde das zu nichts führen, weil Sie doch ohnmöglich untersuchen könnten, ob ich Ihnen Wahrheit sagte oder nicht. Mein Unglück heißt mir, von einem günstigen

Zufall Gebrauch zu machen, und diesem haben sie zuerst mein Zutrauen zu danken. Doch muß ich Ihnen gestehen, daß ihr Anblick dies nicht vermindert hat. — Sollte aber, fuhr sie nach einer kleinen Pause langsam und feierlich fort, mein Unglücks= stern mich abermals iere geführt haben, oder sollten Sie mich, wenn es die Um= stände erfordern, mit dem Arm da nicht ehrlich vertheidigen wollen — nun da könnte mir auch dieser nichts helfen, und sie ließ meinen linken Arm los. Nein, nein! rief ich aus, ich will Ihre Erwartungen nicht täuschen, wenn sie von der Art sind. — Nun, das wußte ich ja wohl, sagte sie. Vermuthlich wird Ihnen bekannt seyn, daß man da am wenigsten Erläuterungen for= dern, am wenigsten Weitläuftigkeiten ma= chen muß, wo es auf Handlung ankommt. Allons donc! die Zeit verstreicht! Nun ging sie mit mir fort.

Wir giengen eine ziemliche Weile neben einander, ohne zu sprechen. Allerlei Muthmaßungen wechselten bei mir ab; sie waren, wie man denken kann, von sehr verschiedener Natur. Das Mädchen gieng ganz unbefangen neben mich. Wissen Sie in dieser Stadt Bescheid? fragte sie mich. Nein erwiederte ich: ich bin hier fremd, wie Sie sehen. Das ist übel und doch gut, erwiederte sie, aber gleichwol wünschte ich, daß Sie Bescheid wüßten.

Ich. Man kann ja fragen.

Sie. Das kann man freilich, wenn man Leute antrifft; aber es ist schon spät. Warten Sie, fuhr sie nach einer Pause fort, wissen Sie den Dohmplatz?

Ja, den weiß ich, sagte ich.

Sie. Führen Sie mich dahin. Wenn ich dort bin, will ich schon finden, ob es gleich noch weit davon ist, wo ich wohne.

Ich seufzte.

Sie. Macht Ihnen der Weg zu viele Mühe?

Ich. Ich bin nicht faul.

Sie. Aber sie seufzten.

Ich. Hielten Sie alle die für faul, die an Ihrer Seite seufzten?

Sie. O nein! aber die Seufzer haben oft sehr verschiedene Veranlassungen. Man sehnt sich nach einer Sache, und seufzet; man hat zu einer andern nicht die geringste Lust, und man giebt dies gleichfalls durch Seufzen zu erkennen. In dem letztern Falle glaubte ich Sie.

Ich. Warum das? wenn ich fragen darf; halten Sie mich für unempfindlich und ungefällig zugleich?

Sie. Machen Sie nicht, daß ich über Ihre Complimente den Glauben an Sie verliere. Es ist sehr natürlich, daß Sie das sehr besonders finden, was Ihnen izt be-

begegnet, und Neugier, höchstens Mitleiden, läßt Sie handeln.

Ich. Sie sehen sehr scharf.

Sie. Auch ziemlich richtig, wie ich glaube.

Ich. Vielleicht, vielleicht auch nicht. Giebt es nicht andre Triebfedern, die mich handeln lassen könnten, z. E. Liebe...

Sie. Da würde ich Sie bedauern, wenn diese Ihnen wie ein Schnupfen anfliegen könnte.

Ich. Nun, Sie lassen mich nicht ausreden. Liebe zum Sonderbaren, wollte ich sagen, Vergnügen an Abentheuern.

Sie. Wie Sie einzulenken verstehen. Gleichwol wenn Sie so ein Feuerritter sind, desto besser für mich; vermuthlich setze ich Sie in Thätigkeit, vielleicht fordere ich große Proben von Ihnen.

Ich. Neue Räthsel. Aber gleichviel. Ihre Proben werden wenigstens meinen guten Willen, Ihnen zu dienen, nicht übersteigen, auch hoffe ich, nicht meinen Kräften.

Sie. Es freut mich, daß Sie Zutrauen zu sich selbst haben; das ist etwas, was wir Frauenzimmer sehr an ihrem Geschlechte lieben, denn es hat einen mächtigen Einfluß auf uns. Diesen Einfluß fühle ich izt besonders, denn ich gehe mit einem Muthe, einer Gleichgültigkeit, der entscheidendsten Minute für mich entgegen, als ob ich schon gewiß wüßte, sie werde gut für mich ausfallen. Das halte ich für ein glückliches Vorzeichen.

Wir giengen durch verschiedene Gassen, bis wir endlich in ein enges Gäßchen einschlugen. Ich betrachtete von Zeit zu Zeit die artige Gestalt meiner schönen Begleiterin mit innigem Wohlgefallen. Es war der hellste Mondenschein, den man sich denken kann. Aeuserst neugierig war ich schon, mit jeder Minute wuchs diese Neugier, aber fragen wollte ich nicht, wohin? und warum? — Endlich blieben wir vor einem Hause stehen; ich sah mich um, im ganzen Gäßchen war kein Licht mehr. Leise klopfte sie dreimal an ein Fenster. Ein dumpfes Geräusch hallte in meine Ohren. Entendez Vous? fragte sie mich mit gedämpfter Stimme. Oui! sagte ich. —

Thomas! Thomas! rief sie noch leiser. Das Geräusch kam näher. Sind Sie's? flüsterte eine Stimme durch das Schlüsselloch der Hausthür. — Ja, sagte sie, öffne die Thür, Thomas! — Krack! und die Thür ging auf. Ihren Arm, mein Herr, denn itzt gilt es! Ich fühlte, sie zitterte. Wir gingen ins Haus; die Thür ward zugemacht; Thomas schob die Riegel vor. Ziehen Sie Ihren Säbel, sagte sie. Ich zog. —

Wo ist dein Herr? fragte sie Thomas. Oben, erwiederte Thomas.

Sie. Ist er allein?

Thomas. Er allein? das hat sich, was, als ob sie ihn einen Augenblick verliessen? Nein, sie sind beide bei ihm.

Sie. So? — Nun das ist gut, das trifft sich gerade nach Wunsch. Sie zitterte wieder, und stärker als vorhin. Ich drückte ihr die Hand, sie erwiederte den Druck. Sie geben mir meinen Muth wieder, sagte sie leise. Wir stiegen eine Treppe hinauf, noch eine, und wieder eine. Nun schloß Thomas eine Thür auf; wir kamen in eine Art Vorsaal. Am Ende desselben war abermals eine Thür, diese war inwendig verriegelt; Seitwärts war noch eine Thür, die zu einem kleinen Cabinette führte. Treten Sie hier hinein, sagte sie leise zu mir, bleiben Sie ruhig da, bis Sie dringende Gefahr für mich gewahren, oder bis ich Ihre Hülfe verlange. — Was wird aus diesem allen werden, sagte ich zu mir selbst und gieng hinein. Sie drückte meine Hand, nannte mich ihren Retter, und verließ mich. Wie sie ihren Vortheil verstand; dieser trauliche Händedruck, dies bezeigte Zutrauen, wie fuhr es als ein electrischer Schlag mir durch. Zutrauen und Anhänglichkeit, wozu können die nicht führen? Ich ließ mir alles gefallen, war durch sie geleitet, bestimmt das schwerste Abentheuer zu bestehen. —

Sie klopfte an die verriegelte Thür. Ich bemerkte, daß verschiedene Stimmen sehr heftig durch einander redeten; so daß man nicht gleich das Anklopfen bemerkte. Endlich trat einer an die Thür. Wer ist da? rief er. — Ich bin's, antwortete Thomas. Man öffnete. Auch ich bin hier, sagte sie, und gieng hinein. Bei dem spärlichen Scheine einer Lampe bemerkte ich ein paar Mannspersonen, und im Hintergrunde lag etwas auf einem Ruhebette, das ich aber nicht recht erkennen konnte. Enfin, Mademoiselle, sagte der eine, si c'est votre retour à la raison, il faut avouer que c'est un peu tard. — Peut-être, erwiederte sie; mais il faut toûjours mieux tard que jamais! — Ich will zu meinem Vater. Thomas hatte sich in die Thür geschoben. Man wollte die Thür zumachen. Sie sagte, freiwillig gestellt, frei will ich sagen, was ich zu sagen habe. Bon, bon, Mademoiselle, sagte der eine, mais vous Gaillard, fuhr er gegen Thomas fort, partés. — Er gieng mit ihm bis an die äusere Thür, schob ihn hinaus, und schloß sie ab. Als er zurück ging, kam er hart an der Thür des Cabinets vorbei, in welchem ich war. Ich stand mäuschenstille, und er bemerkte mich nicht. Unterdessen war die Thür des Zimmers weiter geöffnet, und nunmehr erkannte ich einen Greis, dessen ehrwürdigem Haupte weisses

Haar umfloß, auf dem Ruhebette liegend.
Das Mädchen kniete vor ihm nieder, beide
schienen äuserst bewegt, indessen konnte ich
von dem, was sie sprachen, nur abgebro:
chene Worte hören. Die beiden Manns:
personen standen etwas entfernt, und schie:
nen aufmerksam zu bemerken, was vorging.
Der Alte umarmte das Mädchen; da tra:
ten sie beide unwillig hinzu, und sagten, er
mögte sich doch durch die Heuchlerin nicht
täuschen lassen. Der Alte machte sich wie:
der von ihr los. Sie ergriff seine Hand,
und drückte sie an ihr Herz. Man wollte
sie mit Gewalt aufrichten. Sie sprang auf,
hielt aber die Hand des Greises fest, und
rief im entschlossenen Tone: qui aura le
courage, de me séparer de mon pere? –
Alle murmelten durch einander. Laßt mich!
fuhr sie fort, lange genug hattet ihr das
Herz meines Vaters, meines guten Va:
ters, für mich verschlossen, aber glaubt,

Ungeheuer! es wird nicht immer so seyn, es wird euch nicht immer gelingen, jede Bewegung seines väterlichen Herzens gegen mich zu vernichten. Mit teuflischer List habt ihr ihn in eure Gewalt bekommen, ich will ihn izt befreien! — Finissés! sagte der Eine. Elle joue la comedie, sagte der Andere, aber laß sie machen, fuhr er lächelnd fort, sie hat sich selbst überliefert, ihr Quartier ist gemacht. Ich bitte um Ihren Arm! Beide wollten sich ihrer bemächtigen. Zurück, Bösewichter! schrie sie, oder ich rufe um Hülfe! — Hülfe? ha, Hülfe? sagte der Eine spottend.

Sie ist da, sagte ich, und trat wie ein Blitz hervor, schleuderte mit der linken Hand den Einen auf den Stuhl, und schwang meinen blanken Säbel über dem Haupte des Andern. Beide erschraken mächtig. Nous sommes perdûs, sagten sie mit zitternder Stimme. Der Greis zitterte am ganzen Leibe, seine Tochter unterstüzte ihn mit der einen Hand, und hielt mir die andere entgegen, als wollte sie ihren Vater gegen mich in Schutz nehmen. Es gab einen Augenblick die sonderbarste Gruppe ab. — Ich fühlte mich ganz. Gewiß hätte ichs hier mit zehen aufgenommen. Tiefe Stille herrschte wohl einige Minuten. Das Mädchen unterbrach sie endlich:

"Dies ist mein Vater der Baron X. ehmals mein guter, mein liebevoller Vater, sagte sie mir. Schon seit einigen Jahren, vor der Revolution, verliessen wir den Elsaß, unser Vaterland, und wir hielten uns an mehreren Orten Deutschlands auf. Wir lebten glücklich und ruhig, bis diese Bösewichter sich bei uns einschlichen. Sie sind meine Vettern, hatten in der Revolution ihr Vermögen verlaufen, und wollten izt dadurch ihre Umstände verbessern, daß ich einem von ihnen meine Hand geben sollte.

Zuerst warben sie mit unerträglicher Zudring:
lichkeit um meine Liebe. Ich hatte keine
für sie, auch liebte ich schon. Mein Vater
billigte meine Liebe, ich sagte es ihnen, und
sie waren unedel genug, meinen Vater in
ihr Interesse zu ziehen und ihn gegen mei=
nen Ferdinand einzunehmen. Er verbot
mir, ihn nicht wieder zu sehen. Ich ge=
horchte. Allein nun wollte man mich
zwingen, einen von ihnen zu wählen;
da konnte ich nicht gehorchen. Täglich
erfanden sie neue Marter für mich, die
hauptsächlich mir dadurch unerträglich wur:
den, weil mein Vater sich durch meine
Weigerung beleidigt und unglücklich fand.
Endlich konnte ich nicht mehr; ich entfloh,
und hielt mich bei einer Freundinn von
mir verborgen, um hier von der Zeit die
Aenderung meines grausamen Schicksals
zu erwarten. Allein sie wusten diesen Um=
stand zu nutzen, um mich ganz aus dem

Herzen meines Vaters zu verdrängen. Sie stellten meine Flucht in einem verkehrten Lichte vor, und überredeten ihn, ich sey mit meinem Liebhaber davon gegangen. Sie bemächtigten sich nach und nach ganz meines Vaters, und machten mir jeden Zutritt zu ihm unmöglich, insofern ich kein öffentliches Aufsehn machen wollte, welches ich immer sorgfältig vermied. Ja, da es ihnen mehr um mein Vermögen zu thun war, als um meine Person, so wusten sie meinen Vater zu überreden, mich zu enterben, und ein Testament zu ihrem Vortheile zu machen; morgen sollte dieses vollzogen werden. Wäre mit dem Verluste meines Vermögens nicht der meiner Ehre und meines Geliebten, der nur eine geringe Bedienung und keine Mittel hat, unzertrennlich gewesen, so würde ich jenen nicht sehr geachtet haben, aber so sann ich darauf, mir zu helfen. Gestern Abend sang mir Ferdinand, wie gewöhnlich, sein Klagelied vor, dieß war die einzige Art, wie ich ihn sah, wir besprachen uns dann über unser unglückliches Schicksal. Heute Morgen gab er mir Nachricht, wie er Sie getroffen, wie er Sie auf heute Abend auf den Kirchhof bestellt, und was Sie ihm für Beileid bezeigt, wie Sie sich erboten, ihm zu helfen. Wir kamen überein, ich sollte Sie an dem bewußten Orte aufsuchen, unter Ihrem Schutze meinen Vater sprechen." — Werden Sie mir nun vergeben? wandte sie sich zu ihrem Vater, werden Sie Ihre Louise wieder aufnehmen? — Ach! sagte der alte schwache Mann, schaffe mir jene vom Halse, du bist ja meine liebe Tochter! — Das will ich! rief ich aus. Ich wandte mich zu den beiden Emigrées, die sich auch während der Erzählung noch nicht ganz von ihrer Angst erholt hatten, und fragte sie, in sehr bestimmten Ausdrucken, was sie lieber wollten: Entweder die drei Etagen aus dem Fenster durch einen Salto mortale in eins zu ziehen, oder mit dem Versprechen, morgen früh die Stadt auf immer zu verlassen, ruhig die Treppe hinunter zu gehen? Während ich dies freundliche Ansinnen an die Behörde gelangen ließ, öffnete Luise die äußere Thür, und ließ Thomas zum Succurs anrücken. Dieser war ihr treu gewesen, und hatte ihr von allem, was in ihrem väterlichen Hause vorging, Nachricht gegeben. Die beiden Chevaliers wählten natürlich den freien Abzug. Louise gab ihnen eine volle Börse mit auf den Weg, sie machten ihr ein verbindliches Compliment über ihre Gutherzigkeit, und ich stellte ihnen eine bündige Versicherung aus, daß ich sicher Mittel finden würde, sie beim Kopfe nehmen zu lassen, wenn sie ihrem Versprechen, aufs neue zu emigriren, nicht nachkommen würden; sie zogen still und ruhig von dannen: ich begleitete sie bis an die Hausthür. Hier traf ich einen alten Bekannten an, es war der Sänger von gestern Abend. Es kostete mich wenig Mühe, seine Verzeihung zu erlangen, daß ich auch nicht mit einer Silbe weiter an ihn gedacht hatte, bis Luise seinen Namen nannte. Er ging mit mir zum alten Boron. Dieser legte stillschweigend die Hände der jungen Leute in einander, weinte, und umarmte sie Beide. Ich schlich mich während dieser Scene davon, und ließ gern die schuldigen Danksagungen im Stiche, die vermuthlich meiner warteten.

www.ingramcontent.com/pod-product-compliance
Lightning Source LLC
Chambersburg PA
CBHW030123240426
43673CB00041B/1377